DE NÉLIS

# LA PIERRE BRUNEHAUT

*Réflexions sur un ancien monument du Tournaisis*

*Tome I des Mémoires de l'Académie Impériale et Royale de Bruxelles*

ÉDITIONS NIELROW - DIJON

2018

ISBN : 978-2-490446-02-5

# LA PIERRE
# BRUNEHAUT

*Réflexions sur un ancien monument
du Tournaisis*

PAR

## CORNEILLE FRANÇOIS DE NÉLIS
### Évêque d'Anvers

**1777**

# TABLE

Avant-propos  i

La pierre  1
Brunehaut

Notes  19

## AVANT-PROPOS

La pierre de Brunehaut se situe en Belgique non loin de la frontière française, plus précisément au sud de Hollain sur la route de Tournai-Saint-Amand-lès-Eaux. A 800 mètres de ce que d'aucuns ont appelé menhir, pierre dressée, table, rocher, etc. coule l'Escaut. A quelques mètres passe la voie romaine dite de *Brunehaut* qui reliait jadis Tournai à Bavay. La pierre tire son nom de la voie romaine ou est-ce l'inverse ? De Nélis affirme ici que jusqu'au XVè siècle, le monolithe était désigné *pierre brune*. On a connu, au fil du temps, la pierre qui s'élevait bien droite (1619), puis les événement firent qu'elle commença à s'affaisser d'un côté. En 1768, année ou Nélis visita les lieux, il la trouva penchée et attribua cet état de fait aux intempéries. En 1773, elle faisait avec le sol un angle de 50° ; des travaux destinés à l'enlever ne firent qu'aggraver la chose ; en 1811, l'angle mobile était de 34° ; en 1819 il n'y avait plus que 20°. La commune de Hollain décida de redresser le mégalithe, ce qui s'effectua non sans mal et avec l'aide de toute la population.

Pour aller dans le détail, remarquons que la pierre est haute du sol à son sommet de 4,50 mètres, pour une largeur de 3 mètres et une épaisseur de

0,50 mètre. Elle a une forme trapézoïdale et est orientée nord-sud (voir gravure ; *Univers pittoresque*, Paris, Firmin Didot).

Sur sa face ouest, il semble s'y graver une forme de pied, ce qui n'a pas manqué d'entraîner l'imagination des uns et des autres qui y virent selon une légende le pied de la Vierge Marie ou même celui de Jésus. Autant dire que la science n'a rien à voir là-dedans.

La pierre est composée de grès, de teinte grise, voire rosée, en tout cas pas brune.

Les historiens ont émis chacun leur avis sur son origine ; monument de célébration d'une victoire de César, mémorial d'une victoire des habitants des environs contre les barbares Hérules, borne de délimitation de domaine seigneurial, etc.

De nos jours la pierre de Brunehaut attire quelques touristes et figure parmi les curiosités des environs de Tournai. On y privilégie dans les commentaires des guides occasionnels ou pas, une origine préhistorique ou Celtique. Il faut dire qu'elle a une allure qui rappelle les mégalithes qui parsèment les sols de l'Europe, de Tournai à Carnac, et de Stonehenge à la Cham des Bondons.

Nielrow

# LA PIERRE BRUNEHAUT

Un monument singulier, qui subsiste pour le moins depuis douze siècles, qui porte le nom d'une reine illustre, autant, ou plus, par ses malheurs que par beaucoup d'actions d'éclat et de courage ; une pierre du plus grand volume, isolée au milieu des champs, et qui ne présente aucune marque, même effacée, de son origine : sans figures, sans inscription, sans aucune trace du temps passé ni de la main des hommes ; ce monument à qui l'on ne connaît dans la Belgique qu'un seul monument semblable près de Binche, et qui même, depuis vingt ans, ne subsiste plus ; la pierre Brunehaut, en un mot, si soigneusement marquée par tous nos géographes [1], une telle singularité aurait dû piquer, ce semble, la curiosité des historiens et des antiquaires, et réveiller parmi eux l'esprit de recherche. Cependant nous voyons qu'ils s'en sont fort médiocrement occupés ; la plupart ont passé la chose sous silence, suivant, peut-être, la sage maxime d'Horace (Art poétique, vers 149-150) :

*Et quae, desperat tractata nitescere posse, relinquit (Désespérant de les embellir, il les abandonne),* maxime très prudente à la vérité, mais faite sans doute pour des poètes, et non pour des historiens.

Enfin tout ce que j'ai pu recueillir sur ce sujet, de tous nos historiens pris ensemble, ne remplirait pas une page d'écriture. Le Père de Montfaucon qui a rassemblé en cinq volumes *in-folio* les anciens monuments de la Monarchie Française, ne dit pas un seul mot de celui-ci, quoiqu'un des plus vieux et des plus remarquables ; et cela soit qu'il ne l'ait pas connu, soit qu'il n'ait su qu'en dire. Réparons, s'il est possible, cette négligence, surtout prévenons le malheur dont notre monument est menacé, d'être brisé ou enfoui sous terre. Déjà il penche vers la ruine ; et ce que tant de révolutions auxquelles la Belgique a été sujette, ce que l'intempérie des saisons, et le *tempus edax rerum (le temps détruit toute chose)* n'ont pas fait, un paysan, un pâtre depuis peu a manqué de le faire. Par désœuvrement ou par quelque autre motif, il s'est amusé à creuser une fosse tout le long de la pierre du côté où elle était déjà un peu inclinée ; les eaux, les neiges ont achevé de creuser cette fosse, et l'inclinaison de la pierre est beaucoup plus grande aujourd'hui qu'elle n'était au commencement de 1768, lorsque je la vis pour la première fois. Ce malheur enfin est déjà arrivé à la pierre de Braye, près de Binche, comme je l'ai dit plus haut. En 1753, on l'a brisée et employée aux réparations d'un aqueduc, suivant la note que j'en ai recueillie, et que l'on trouvera ici en fin d'ouvrage [2].

Notre monument, tel qu'on le voit aujourd'hui, est une pierre informe et brute, haute d'environ quinze pieds (pieds de Roi ou 12 pouces), large de dix, et épaisse de deux. On la trouve à une lieue et demie de Tournai, entre les villages de Hollain et de Rongy, au milieu de la campagne. Elle est un peu échancrée par le haut, et inclinée, à peu près comme la figure représentée ci-dessous.

Il est à croire qu'elle a d'abord été élevée perpendiculairement ; mais présentant, comme elle fait, sa plus grande surface aux vents de sud-ouest, qu'on sait être très violents dans nos contrées [3], cette cause a dû suffire pour l'avoir fait baisser considérablement du côté opposé ; enfin elle fait aujourd'hui avec la terre un angle d'environ cinquante degrés.

Pour que ce monument ait pu se conserver sur pied pendant tant de siècles, sa base doit se trouver très profondément enfoncée dans la terre, et égaler pour le moins, si elle ne surpasse pas, la partie qui est hors de terre. Je crois même absolument qu'elle la surpasse ; et c'est ce que des expériences, qu'on dit avoir été faites pendant le siège de Tournai en 1745, semblent confirmer. Au reste en attendant que je puisse réitérer ces expériences, et en rendre un compte plus exact, d'après les fouilles que j'ai dessein de faire, je ne crois pas donner trop de profondeur à cette base, en lui donnant ici, par conjecture, vingt pieds sous terre ; ce qui, joint au reste de la masse, forme un volume de sept cents pieds cubes, volume d'autant plus extraordinaire que tout ceci n'est jamais que du grès.

D'où a-t-elle été tirée cette lourde masse ? Par qui ? Comment ? En quel temps ? Et pour quel usage ? Voilà plusieurs questions qui se présentent naturellement à l'esprit, sans qu'on puisse le taxer d'être trop curieux.

Le dernier historien [4] de la ville de Tournai, qui, comme tous les autres, parle fort superficiellement de ce monument, prétend qu'on ne trouve pas de grès aux environs [5]. Il se trompe. Les habitants de l'endroit m'ont assuré le contraire ; et j'en ai trouvé moi-même, en me promenant, sans faire beaucoup de recherches, sans faire aucune fouille, d'assez gros, semés çà et là, à fleur de terre.

Il est donc vraisemblable que notre morceau aura été trouvé dans l'endroit même, ou non loin de là. La singularité de sa masse aura invité à l'employer dans quelque occasion d'éclat, dans un événement extraordinaire qu'on aura voulu faire passer à la postérité. Mais en quelle occasion, et à propos de quel événement ? Voilà ce qu'il s'agit d'examiner, et ce qui n'est pas aisé à découvrir.

Un homme d'esprit, et un esprit cultivé par l'étude, avec qui j'examinais, il n'y a pas longtemps, cette difficulté, voulut la trancher, et soutenir que ce monument n'était pas l'ouvrage des hommes, mais celui de la nature. Comme il proposa son opinion étant à table, le mets qu'on servait en ce moment, offrait une comparaison fort naturelle et fort propre à le combattre. Je lui dis donc, qu'il n'était pas vraisemblable qu'une pierre d'une telle hauteur et d'un tel volume, serait venue d'elle-même au milieu des champs, comme une asperge, seule et en dépassant la terre de quinze pieds ; que c'était là un joli jeu d'imagination, mais pour ce qui était de la nature, qu'elle ne jouait pas ainsi. Qu'on voyait bien à la vérité des pointes de rocher s'élever jusqu'à cette hauteur, et beaucoup plus haut ; mais que pour lors ces pointes tenaient à d'autres pointes, et toujours au rocher même ; qu'elles étaient inégales, hérissées, et rarement, ou peut-être jamais, de grès : tandis que notre pierre était lisse et unie en forme de table, et fort mince à proportion de sa grandeur ; qu'elle était isolée, ne tenant ni à un fond de pierre, ni à d'autres masses ; qu'elle était de grès ; et depuis que celle de Binche était détruite, la seule qu'on connût dans ce goût-là, non seulement aux environs, mais dans tout le pays ; enfin qu'il ne fallait que se rendre sur les lieux, et ouvrir les yeux, pour reconnaître un monument, visiblement placé de la main des hommes.

Un écrivain nouveau [6], aussi homme de beaucoup d'esprit, qui nous a donné sous une forme agréable, l'Histoire de France et des Français, n'a guère paru plus embarrassé de ce point de critique ; il le traite avec une légèreté surprenante ; une demi-ligne d'écriture renferme et son jugement et toutes ses discussions. Ce sont *des restes*, dit-il, *de quelques vieux bâtiments* [7]. Je suis bien sûr que notre écrivain n'a jamais examiné ces *vieux restes*. Aussi, pour toute réponse, à lui et à tout autre qui pourrait être tenté de juger comme lui, il faudrait le prendre par la main, le mener sur les lieux, et lui dire, regarde.

Ce que l'on a dit jusqu'ici de plus sensé, ou plutôt de moins invraisemblable au sujet de notre pierre, c'est que c'est un monument des Romains. Un homme assez versé dans les antiquités de Tournai, l'archidiacre Catulle [8], a été le premier qui a pensé ce que pouvait être un mémorial [9] de la victoire remportée par César sur les Nerviens ; et il dit à cet égard certaines choses qui, si l'on n'y prenait garde, seraient presque capables de faire penser comme lui. Mais les Romains, dans le plus beau siècle de leur gloire, auraient-ils imité jusque-là des peuples vaincus, qu'ils traitaient de barbares, et qui l'étaient en effet ? Ne voyons-nous pas combien ce monument est éloigné de la coutume des Romains ? Voulaient-ils en ériger un ? Tous les arts venaient à l'envi servir le goût et les desseins des maîtres de la terre. Des colonnes, des statues, des arcs de triomphe, des temples, des inscriptions et des médailles ; voilà les monuments par lesquels ils ont conservé à la postérité la mémoire de leurs établissements et de leurs conquêtes. L'Europe et l'Asie en ont été couvertes ; ces monuments ont bravé les injures du temps, et grand nombre, encore aujourd'hui, survit, depuis tant de siècles, à la ruine de l'empire romain. La ville de Bavay, bâtie à six ou sept lieues de distance de notre pierre, est une preuve sensible de ce que j'avance. Les monuments des Romains sont partout accompagnés d'inscriptions ; et la conduite de nos conquérants a été à cet égard si uniforme, que, lorsque le temps ou les matériaux leur ont manqué, ils ont taillé des inscriptions dans le roc, comme nous en voyons jusque sur les bords du Danube, dans le fond de la Hongrie, où le comte Marsigli les a vues et copiées, et que tout le monde peut voir dans son grand ouvrage [10].

Enfin, une masse lourde et informe, telle que la nôtre, bien plus grosse que celle dont parle Virgile, en décrivant le combat de Turnus avec Énée :

*Saxum antiquum, ingens campo quod forte jacebat (un bloc antique, monstrueux...*Enéide 1,12, v. 897*)*. une telle masse eût pu servir aux Latins de mémorial au temps du bon Roi Évandre ; et Hercule, s'il avait eu la fantaisie de marquer par quelque monument ses exploits contre le voleur Cacus aurait pu l'employer.

Mais à qui donc attribuer notre monument ? A la reine Brunehaut ? Tout d'abord porte à le croire ; cependant cette opinion, pour peu qu'on l'approfondisse, ne paraît guère plus réfléchie ni plus soutenable que les autres.

En premier lieu cette reine n'a jamais été maîtresse de Tournai, ni de son territoire. Elle était reine d'Austrasie ; et Tournai appartenait au Royaume de Soissons, Tournai était l'apanage de Chilpéric. Il est vrai que Sigebert, mari de Brunehaut, ayant porté la guerre dans les états de Chilpéric son frère, alla assiéger celui-ci dans Tournai, où il s'était renfermé comme dans son domaine. Mais qu'a cela de commun avec notre monument ? Nous ne lisons pas même qu'il y eût une bataille donnée près de Tournai ; nous savons que Sigebert y fut assassiné dans son camp par les émissaires de Frédégonde ; et ce ne fut pas du côté où se trouve notre pierre (qu'on aurait pu en ce cas prendre pour le mausolée de Sigebert), ce fut à plusieurs lieues de là, à Vitry, où ce forfait a été commis. De plus, quand il y aurait eu quelque avantage remporté par la reine Brunehaut, ou par son mari, une querelle entre deux frères pouvait-elle servir de prétexte à élever un monument, et un monument dont la solidité devait braver la plus longue suite de siècles ? A ce compte toute la France devrait se trouver pleine de pareils monuments ; car il y eut tant de divisions, tant de guerres et de querelles entre les rois de la première et de la seconde race. D'ailleurs si c'était ici un trophée de la reine Brunehaut, le victorieux Chilpéric, et l'altière Frédégonde, l'auraient-ils laissé subsister après la mort de Sigebert, et la suite de sa veuve ? En ne faisant que le quart des réflexions que nous faisons ici, on ne saurait se persuader que notre monument doive son origine à la reine dont il porte le nom.

J'ai souvent pensé d'où pouvait être venue cette fantaisie qu'on a eue dans nos provinces, d'attribuer tant de choses à notre reine ; car la pierre Brunehaut n'est pas la seule chose, dont on lui fait honneur. On lui a attribué encore ces fameuses chaussées romaines, qui allaient aboutir à Bavay, et dont la *sixième* passait [11], suivant Miraeus, par *Escaut-Pont, Château-l'Abbaye, Hollain,* (à trente ou quarante pas de la pierre Brunehaut), et de là à *Tournai, Pont-d'Esterre, Cassel,* et finissait au *Portus Iccius,* ou *Mardick.*

Ces chaussées portent jusqu'à ce jour le nom de *Chaussées de Brunehaut* ; mais à tort. Il se peut que cette reine ait donné ses soins pour rétablir les chemins publics et les chaussées, qui étaient en deçà de l'Escaut [12], dans le royaume d'Austrasie. Elle a fait sûrement cela en Bourgogne, où elle a élevé encore plusieurs édifices, et bâti des monastères, ce qui lui a attiré, parmi d'autres éloges, ceux du saint pape Grégoire le Grand [13]. L'Austrasie et la Bourgogne étaient du domaine de cette reine. Mais de dire qu'elle a réparé les grands chemins dans le Tournaisis, comme le peuple l'a dit, et comme le vulgaire des historiens l'a cru, c'est à mon sens, dire ou croire une grande absurdité ; car ce n'est pas à quoi on songe dans un pays ennemi, et parmi de grand revers ; et quand on y songerait, les moyens d'exécuter ne manqueraient que trop certainement.

D'où vient donc cette erreur ? Voici comme je conçois la chose. La haine du peuple de Tournai contre Frédégonde, qui, parmi d'autres actions qu'on pouvait lui reprocher, avoir fait tuer quelques bourgeois de cette ville, en trahison, et dans un trépas qu'elle leur donnait, action racontée avec toutes les circonstances par Grégoire de Tours [14] : cette haine, et l'admiration qui en découlait naturellement pour sa rivale, qui méritait bien d'ailleurs ces sentiments par ses grandes qualités, qualités qu'il est étonnant que l'Histoire ait si fort obscurcies ; tout cela a contribué sans doute à rendre le nom de Brunehaut aussi célèbre parmi les peuples du Tournaisis, que celui de Frédégonde y était détesté ; et on aura été porté à attribuer à la première tout ce qui était un peu remarquable, tout le bien qu'elle n'avait pas fait.

Une anecdote que j'ai apprise, et que je crois très volontiers, sans être contraire à ce que je viens de dire touchant les sentiments des peuples pour la reine Brunehaut, prouve, d'une nouvelle manière, que notre pierre ne doit pas son origine à cette reine.

Le curé d'Hollain [15], dans la paroisse de qui se trouve cette pierre, m'a dit avoir vu dans d'anciennes notes de ses prédécesseurs, qu'avant le quatorzième ou quinzième siècle cette pierre s'appelait la brune pierre, et que ça été sous ce nom qu'elle servait de limite ou de borne à quelques portions de sa dîme. On appelait alors, comme on fait encore aujourd'hui, du nom de brun, ce qui était gris ; et le peuple qui d'ordinaire n'est guère soucieux de connaître les origines, aura nommé ainsi tout bonnement cette pierre, d'après sa couleur, qui était la seule chose qu'il y découvrait.

Plus tard, après la renaissance des Lettres, nos premiers géographes [16] sans beaucoup d'examen, et pour se donner peut-être un air d'érudition, ayant entendu parler d'ailleurs des chaussées de Brunehaut, qui passent là tout près, en auront pris occasion d'attribuer ce monument à notre reine, changeant le nom de *brune pierre* en *Brunehaut-pierre*, dont ils l'auront cru un abrégé. Voilà comme peut être venu le nom de *pierre Brunehaut*. La chose est très probable ; et ce qu'il y a de sûr, c'est que beaucoup de noms n'ont pas une origine plus recherchée. Ce qui paraît bien sûr encore, et ce qui nous suffit, c'est que la pierre même ne doit pas son origine à cette reine.

Mais jusqu'ici je n'ai fait que détruire des opinions ; il est temps d'en bâtir une.

Je la bâtirai sur la tradition ancienne et orale du pays ; tradition qui s'est conservée d'âge en âge ; je l'appuierai sur des noms et des faits qui subsistent aujourd'hui, et que j'ai examinés avec soin.

Il y a dans le village d'Hollain un chemin creux, qui va aboutissant à la pierre Brunehaut, et qui s'appelle le chemin, ou comme disent les paysans, la *Crête des Hurelus*. C'est ainsi que tout le monde l'appelle, et ce nom est aussi ancien pour le moins que celui de la pierre dont nous nous occupons. La tradition porte, que des troupes de Barbares étant venues anciennement saccager le village [17], comme ils avaient fait le reste du pays, ont été surpris et défaits dans ce défilé [18] ; que ces barbares, en combattant, poussaient des hurlements ou des cris affreux ; hurlements, d'où les paysans prétendent qu'est venu le nom de *Hurelus*. Voilà ce que disent les habitants, ce qu'ils ont appris de leurs pères, et ceux-ci de leurs aieux. *Interroga patres tuos et dicent tibi* (*Demandez à vos pères, ils vous le diront*). Est-il possible de ne pas reconnaître dans des traits si bien conservés, les nations venues autrefois du fond de la Germanie ou du Nord, pour piller et saccager nos provinces, et parmi ces nations, les Hérules, dont le nom en transposant une seule lettre, est visiblement le même ? *Arsit regio Belgarum* (*Brûlant les régions belges ;* Provid. ) disait Salvien ; et le bruit de cet événement a retenti si fort au loin, que saint Jérôme l'a entendu jusque dans son désert de Palestine, d'où il écrivait l'an 409 de l'ère chrétienne [19] à la veuve *Ageruchia* : I*nnumerabiles & ferocissimae nationes universas Gallias occuparunt... Quadus, Vandalus, Sarmata, Alani, Gepides, Heruli, &c Tornacum... caprum est... Ambiani, Attrebates, Morini, &c.* (*I*nnombrables et farouches nations venues de partout occupèrent la Gaule...*)*

Voilà donc mon opinion bâtie, non sur des suppositions, mais sur des faits. La *pierre Brunehaut*,ou la *brune pierre*, est un monument de la victoire des habitants du Tournaisis sur les Hérules, ou autres barbares. Les gens du pays, après avoir tué ou chassé ces terribles hôtes, auront trouvé cette masse extraordinaire de grès, gisante dans leurs terres ; ils l'auront dressée pour servir de monument de leur délivrance et de leur joie. Tout convient à cette explication. Notre monument se trouve au milieu d'une belle campagne, et au bout d'un chemin, qui, depuis quatorze siècles s'appelle du nom de ces barbares. C'est une pierre qu'il n'a pas fallu faire venir de fort loin, comme a fait l'auteur de l'*Histoire de Tournai* [20] ; elle a été trouvée sur les lieux, ou non loin de là ; car tous les champs y abondent en grès. La circonstance d'une masse aussi extraordinaire, et la joie qu'inspirait la défaite des barbares, auront fait ériger cette masse en monument et en trophée. C'est où le fil de la tradition nous a conduit ; c'est ce que l'on trouve en combinant les faits dont la mémoire subsiste.

Il ne nous reste qu'à récapituler les principales preuves que nous avons rassemblées. Il paraît d'abord certain, que notre monument ne saurait être un monument de la reine Brunehaut. Cette reine, après le meurtre commis dans la personne de son mari, en présence et dans les états de la terrible Frédégonde, ne peut avoir eu ni le temps ni la fantaisie de réparer les grands chemins et d'ériger un monument, outre qu'on ne saurait dire à propos de quoi ce monument.

Il n'est guère vraisemblable non plus que ce soit un monument de Jules César, ou de quelqu'un de ses lieutenants. Ce n'était pas dans ce goût-là que les Romains érigeaient leurs trophées. Ils en ont érigé partout, et pas un de tous ceux qui nous restent, ou dont l'Histoire ait conservé le souvenir, n'a quelque chose de commun avec notre pierre. Par quelle bizarrerie, dans la Belgique seule, et si près de Bavay, ville qu'ils ont bâtie dans un tout autre goût, auraient-ils voulu marquer leurs victoires par une pierre brute, sans inscription ? Laissons donc ces idées, et si on ne vaut pas que notre pierre soit un mémorial de la victoire remportée sur les Hérules, ou sur quelque autre nation barbare, comme les noms donnés aux lieux semblent l'indiquer, croyons plutôt que ce monument appartient à un âge bien plus reculé encore, et qu'il est antérieur à tous les événements dont nous parle l'Histoire. Croyons qu'il vient des premières peuplades des Celtes, qui sont venues s'établir dans ce pays. Il serait bien plus ancien par conséquent que l'Irminsul [21] des Saxons, et contemporain peut-être de ceux de ces anciens héros, avant le siège de Troie, qui en érigeaient de semblables partout dans le monde, comme il a été remarqué par Strabon [22]. Il est parlé jusque dans nos livres sacrés de cette coutume, l'une des plus anciennes peut-être, de l'univers. Dans le livre de la Genèse [23], Jacob, après la vision mystérieuse qu'il avait eue, se leva de grand matin, pris la pierre qu'il avait eue sous sa tête et l'érigea comme un monument : *erexie lapidem in titulum (érection d'une pierre en mémorial).* Josué [24], avant de mourir, prit une très grande pierre, et la plaça d'une manière particulière, pour servir aux Israélites, dans les siècles à venir, de monument et de témoignage de ce qui venait de se passer ; tulit lapidem praegrandem... posuitque eum subter quercum quae erat in sanctuario Domini [25] (*il prit une grande pierre qu'il placa sous le chêne dans le sanctuaire du Seigneur*). C'était là toute la façon que dans ces premiers âges du monde on mettait aux monuments. Nul art, nul luxe ; nulle recherche. Et le but qu'on se proposait, de faire passer une chose à la postérité la plus reculée, était bien mieux rempli ainsi, par une pierre du plus grand volume, d'une seule pièce, et fort dure, que par beaucoup de petites masses, entassées les unes sur les autres, telles que pourraient être des colonnes, des pyramides, des arcs de triomphe. Sésostris, ce fameux roi d'Égypte, au rapport d'Hérodote, avait laissé de pareilles pierres dans tout l'Orient, où il avait étendu ses conquêtes. Alexandre le Grand voulut aussi imiter cette antique façon de marquer ses exploits lors de son expédition dans les Indes.

Notre pierre est certainement digne de figurer à côté de celles que je viens de nommer ; elle nous rappelle l'origine des sociétés, l'enfance, la simplicité des arts, et les premiers âges du Monde. Elle est d'un poids, d'un volume, et d'une dureté à braver une suite incroyable de siècles. On peut juger de sa dureté par celle de de quelques morceaux que j'apporte, et que l'on a eu beaucoup de peine à détacher. Enfin, il faut ou la main des hommes, ou quelque bouleversement extraordinaire de notre globe pour la renverser.

# NOTES

1– Voyez les cartes d'Ortelius, Hondius, Mercator, De Wit, Ottens, Fricx, Jaillot, Vaugondy, la carte du diocèse de Tournai, etc.

2– Note qui m'a été envoyée par Monsieur Mondet, doyen de Binche. "La pierre de Braye, près de Binche, ne subsiste plus ; elle a été démolie en 1753 et employée à rétablir le canal, qui conduit l'eau au moulin de Binche, moulin appartenant à S. M.

C'était une pierre de grès très dure ; l'emploi qu'on en a fait, le justifie.

Elle avait dix-huit pieds, hors de terre, cinq pieds sous terre. Elle était large d'un côté de treize pieds, de l'autre côté de quatre et demi.

3– Notre médecin de Louvain, Plempins, dans son curieux *Traité*, adressé au célèbre Stokmans, *de Togatorum valetudine tuenda (la protection de la santé des citoyens)*, a donné des observations intéressantes sur les effets opérés par ce vent. Je ne citerai ici que la grosse tour de Louvain, connue d'un chacun et appelée *Verlore Kost* , dont le côté exposé aux vents de sud-ouest est totalement démangé et dégarni des pierres de taille qui le revêtaient, tandis que les autres côtés sont sains et entiers.

4– Le Sr. Poutrain : son Histoire a été imprimée à la Haye en 1750, in-4°.

5–Tome I, page 72 et 73.

"A une lieue plus loin (que le château de César qu'on appelle) et à deux cents pas de la rivière ( L(Escaut), vers le couchant, est une pierre qui paraît taillée, et n'avoir jamais tiré sa forme que de la main des hommes, surtout dans un pays où l'on ne sait ce que c'est que des rochers, du moins qui s'élèvent hors de terre, etc."

Et il ajoute dans une note : "Cette pierre est un monument d'autant plus remarquable, qu'elle est de grès, ce qu'il ne se tire pas de cet espèce de pierre dans le pays.".

6– M. l'Abbé Velly.

7– Page 103 de l'édition in-4°.

8– C'est l'auteur du *Tornacum Nerviorum Metropolis*. Son vrai nom était Catheul, ou à-peu-près.

9– Voyez Mss. Eccl. Cath. Tora.

10– Voyez la *Description du Danube*,6 vol. In-folio. V. vol. 2.

11– Sexta vid. Voyez chron. Belg. Miraei, ad ann. 613.

12– Nota : ceci est écrit pour être lu à Bruxelles.

13– Voyez dans les recueils de Du Chêne, et de Dom Bouquet, les *Lettres* de ce pape.

14– Voir Histoire, livre 10 Ch. 27.

15– M. Charles Gatte.

16– Car. Bovillus, Ortelius, Hondius, etc.

17– Notez que ce village doit avoir été un lieu considérable autrefois. Son nom se trouve latinisé dans les Chartes, (*Hollinium*) et une partie du village s'appelle encore aujourd'hui la *Basse-ville*.

18– Les paysans ajoutent que des ruisseaux de sang coulaient de ce chemin creux jusqu'à la rivière qui en est éloignée de plus de 150 ou 200 pas.

19–S. Hier, Epist. Ad Ageruch, viduam, anno 409, inter ejus opera.

20– Sr. Poutrain - Cette Histoire a été imprimée in 4° en Hollande en 1750.

21– Terme saxon ; arbre, tronc totémique sculpté en honneur d'une divinité.

22– Géographie, I,3.

23– Genèse, c. 28, vers 18 et suivants.

24– Genèse voir supra.

25– Livre de Josué. c. 24, vers 25 et suivants.

Nielrow Éditions
Dépôt légal 4ème trimestre 2018

www.ingramcontent.com/pod-product-compliance
Lightning Source LLC
Chambersburg PA
CBHW060557030426
42337CB00019B/3563